Elazar Benyoëtz

Der Mensch besteht von Fall zu Fall

Elazar Benyoëtz

Der Mensch besteht von Fall zu Fall

Aphorismen

Mit einem Nachwort
von Friedemann Spicker

Philipp Reclam jun. Stuttgart

RECLAM TASCHENBUCH Nr. 20176

Reihengestaltung: büroecco!, Augsburg
Umschlaggestaltung: Eva Knoll, Stuttgart unter Verwendung
einer Illustration von Kai Pannen, Hamburg
Autorenfoto: © Günter Kresser, Innsbruck
Gesamtherstellung: Reclam, Ditzingen
Printed in Germany 2009
RECLAM ist eine eingetragene Marke
der Philipp Reclam jun. GmbH & Co., Stuttgart
ISBN 978-3-15-020176-3

www.reclam.de

Inhalt

Dem Andenken
an Else Gottlieb
1909–2001

»Geh nicht barfuß
über den harten Boden
der Tatsachen«,
sagte sie

Ich bin
mit meiner Mutter
zur Welt gekommen

Es hat alles
seinen Sinn,
nicht alles braucht ihn

Adams
große Entdeckung:
seine Blöße

Narrenfreiheit
macht nur Narren sicher

Erfahrung –
der aufgerichtete Gang
über den ausgetretenen Weg

Wäre
ist ohne Würde

Daß etwas kommen müsse,
besagt nur,
daß man wartet

Man glaubt
im Zweifelsfall

Dialektik –
Purzelbaum
der Erkenntnis

Durch die Blume
folgt auch der Korb

RUNENUR

Nur die Dinge
gibt es
unbedingt

Nur der Ruf
kann widerrufen werden

Nur das Fruchtbare
hat die Vergänglichkeit
in sich

Es ist das Nur,
das wir nicht kennen

Ein Traum
von der Sprache,
aus dem Geist der Worte;
ein Traum
von der Dichtung:
ein Wort,
aus der Sprache
herausgeschält

Die Leere einer Seite
ist der Glanz,
den sie nach und nach
verliert.
Beschrieben,
empfängt die Seite
Licht vom Rande

Ein Dichter
muß auch leere,
vollendet leere Seiten
schreiben können

Man denkt,
was sich sagen,
und sagt,
was sich denken läßt;
alles andere
muß geschrieben
werden

Was getan werden muß,
wird auch ohne Müssen
getan

Kein Wille
ist wünschenswert
genug

Man hat die Wahl,
die man trifft

Auch das Rechte
wird zurechtgerückt

Auch das Ganze
wird ergänzt

Auch das Erreichte
singt von der Armut

»Ein Tropfen Glück
ist mehr als ein Faß Geist«

Diogenes

Der Aphorismus
ist das Faß
im Tropfen

WORTZÜGE

Worte
sind erbauend
und zerstörend,
sie bezeugen Ursprung,
erzeugen Wahrheit,
schaffen
Poesie:
die Leiter Retiëls;
das Königreich Ponémah;
das Wohnland des
Nachdiesem

Lazarus Trost

Ein Wort
gibt das andere:
das ist die große Gabe

Was jeder sagen könnte,
sagt immer nur einer

Es kommt nicht
wie gedacht,
es kommt wie gerufen

Alle Voraussetzungen
sind Nachträge

Setzt man einen Punkt,
kommt man nicht
vom Fleck

Die Schranke der Freiheit –
ihre Anstößigkeit

Reden kann
nichtssagend sein,
Schweigen nicht

Rhetorik:
Sprachgewalt-
tätigkeit

Die Sprache sucht sich
ihre Fürsprecher aus
und bestimmt sie

Schweigen: Der Ausdruck als Eindruck

Das Schweigen
wird mit einem Wort besiegelt,
mit einem Wort gebrochen

Man hat sein
eigenes Schweigen,
darum aber nicht auch
sein eigenes Wort

Worte spüren uns
überall auf

Schweigen gibt es nur,
wenn man geredet hat,
doch kann vom Schweigen
nicht die Rede sein

Ein Wort
kann für vieles stehen,
aber für kein anderes

Einzigartigkeit
drückt sich aus
und kommt nicht vor

Das Versäumte
können wir begreifen, das
Unerreichbare nicht

Die Idee gibt mir das Wort,
ich bringe es zur Besinnung

Dann spricht es
seine Sprache

Kein Wortschatz
kann alles Sprachgut verwalten

Wortmächtig ist,
wer ein Wort zu geben
und zu halten hat

Man kommt
über seinen Wortschatz
so wenig wie
über seine Zeit hinaus

Virtuos –
blendwerklich

Die Versuchung
tritt an den Dichter
reimtückisch heran

Meister machen Epoche,
Epigonen machen Schule

Auf die Wortparade
folgt der Leichenzug

Bei Worten
einkehren,
die längst
ausgezogen sind

Dichter und Denker
treffen sich
im Wortbruch

Gott nimmt dich
bei seinem Wort

Verlasse dich
auf deine Worte nicht,
sind sie doch die ersten,
die dich verlassen

Dein Wort
kannst du zurücknehmen,
das mit ihm Versagende
nicht

Nicht wo ich bin,
wo ich gesucht werde,
sei mein Ort

Mein Wille geschehe:
nicht im Himmel,
nicht auf Erden,
in der Sprache

Ich stehe
hinter meiner Tat
und verschwinde
hinter meinem Werk

Was ich sagen muß,
will nichts mehr heißen

Der Philologe
braucht den Überblick,
der Dichter nicht,
er schafft auch das Vorhandene
wieder

Mit jedem veränderten Satz
gewinne ich Neuland

Die Zeit gewährt
nur dem Vergänglichen
Einsicht

Zu Ende gesprochen –
ohne Nach-
und Widerhall

SINNSANG

Sprache vergeistigt,
Worte verkörpern

Jedes Wort
möchte für sich
eingerahmt werden,
doch kein Satz vermag
ihm diesen Wunsch
zu erfüllen

Der Satz
macht dem Wort
ein Ende
und öffnet uns
den Sinn dafür

Anspruchsvolles
sagt nicht zu

Für Erlebnisse
gibt es keine Worte;
Worte sind Erlebnisse

Es ist leichter,
sich verständlich zu machen,
als sich zu erklären

Die nackte Wahrheit
ist die bare Lüge

Seiner Austauschbarkeit
widerstehen
kann ein Wort
nur in einem Satz

Der Satz –
die Hinlänglichkeit
des Worts

Anschauung
und Einsicht
hemmen die Erzählung

Genau –
die Symmetrie
des Ungereimten

Folgen sind
die Konsequenzen,
die man nicht ziehen muß

Auch Erzählungen
brechen aus
und brennen durch

Gefühle laufen
in Romanen zusammen
oder setzen sich
in Gedichten ab

Im Erzählen
wird eine Last abgetragen,
eine Schuld verteilt

Die Freiheit gefällt sich
in gebundener Rede

Gescheitert –
in die Wortbrüche
gegangen

Das Unhaltbare
wirkt am nachhaltigsten

Plagiat –
üble Nachschreibe

Ohne Kopie
kein Vorbild,
ohne Übersetzung
kein Original

Ein törichter Gedanke
und nicht einmal
so dumm

Ob links stehend
oder rechts,
man muß die Lacher
auf seiner Seite haben

DIE TAT GEHT
IN DER LEISTUNG UNTER

Dem einen sein Werdegang,
dem andren sein Lebenslauf

Der Vater der Idee
kann nicht ihr Diener
sein

Durch Fleiß
wachsen Leistung und Ruf,
nicht die Bedeutung

Man glaubt für sich
und meint für andere

Einrede ist Mangel
an Aussprache

Wiederholung –
der Versuch,
sich selbst
beim Wort zu nehmen

Was tut man nicht alles, wenn man nichts zu tun hat

Die Tat erzeugt
die Verantwortung,
die Verantwortung
die Pflicht,
die Pflicht die Neurosen

Zum Tun
gehört das Lassen und
das gelassen tun

Früchte tragend
kommt man auf den Markt

Man sieht
die Folgen seines Tuns,
die Erfolge seines Lassens nicht

Ziel –
Eingegebenheit

Zielsetzung:
Herausforderung der eigenen
Bestimmung

Zielsetzung
macht den Weg zur Strecke

Das Annehmbare –
das Vergebliche

Das Ausgeschlossene
ist das
Eingeklammerte

In den Spuren,
die man hinterläßt,
bleibt man auch zurück

VERANSCHAULICHT – GESICHTET

Das Ansehen
eines Menschen –
seine Blüte;
sein Angesicht –
seine Frucht

Des Menschen Antlitz
wird in seinen Zügen
erfahren

Das Lächeln –
des Gesichtes Siegeszug

Man gibt sich,
wie man sich nimmt

Zieht man seine Grenzen,
genießt man seine Freiheit

Je höher man steht,
desto tiefer kann man sich
neigen

Deine Welt
ist nicht größer
als das Fenster,
das du ihr aufreißt

Du kannst
jeden Platz einnehmen,
nur einen einzigen
ausfüllen

Du bist aufgefordert
zu tun,
was niemand von dir
verlangen kann

Ehe du Farbe bekennst,
male dir alle Schattierungen aus

Was dich nicht stört,
ist dir nicht nah

Was du nicht ertragen kannst,
wirst du erleiden
müssen

Was in dir vorgeht,
ist dein Prozeß

Verscherze dir nicht
die Gunst deiner
Schwächen

Hast du die Gegenwart verpaßt,
wirst du die Ewigkeit
nicht erreichen

Man muß vieles übersehen,
um einiges überspringen
zu können

Kein Übersinnliches,
das nicht durch Aug
und Ohr müßte

Die Quelle des Falschen
ist die Folgerichtigkeit

Das Bedenkliche
läßt sich denken

Das Unausdenkbare
wird ausgeführt

Vom hellsten Wahnsinn
umnachtet

Verweilen,
sich beim Vergänglichen
aufhalten

Die Sehnsucht
läßt auch das Gesichtslose
in Sicht treten

Jeder hat die Zukunft,
die er sich wünscht, und
die Hoffnung,
die sie ihm verstellt

DIE BEDEUTUNG DER KUNST
IST IM SCHAFFEN
WIE IM ABSCHAFFEN

Lass dir
dein »Soviel ich weiß«
nicht nehmen,
es ist wenig genug.

Kosál Vanít an Lazarus Trost
Pathmos, 16. 6. 1889

Das Ursprüngliche
nimmt keinen Anfang

Kein Werden ohne Sein,
doch ist man nicht geworden

Was man versteht,
das gibt man zu verstehen;
so wird es immer weniger

An Boden verloren –
an Gründen gewonnen

Die Regel ist logisch,
die Ausnahme zwingend

Das Mögliche wird geleistet,
das Unmögliche getan

Notwendigkeit
ist eine Erfindung
der Not

Fortschreitend
stehen wir uns
immerfort im Wege

Das Verständnis
geht seine Wege,
das Mißverständnis
bahnt neue

Die Natur der Natur
ist Geist,
was aber ist
Natürlichkeit

Die Zukunft der Architektur
lag schon immer
in Trümmern

Die Wirkungslosigkeit
eines Geistes
läßt sich
nicht feststellen

Meine Augen – meine Gesichtspunkte

Beginnt die Betrachtung,
gehen auch meine Augen
in sich

In sich gegangen –
außer sich geraten

Wenn die Ausnahme
die Regel bestätigt,
dann ist sie
die höhere Instanz

Nicht an sich, durch uns
ist alles begrenzt

Auf den Punkt gebracht,
das ist nicht weit genug

Der Gedanke –
die kürzeste Laufbahn
der Idee

Weitläufig sind nur
die Gedankengänge

Kein Gedanke läßt sich
zu Ende führen,
daher der Punkt

Einfälle sind Gedanken,
die nur einleuchten

Urwüchsige Gedanken
pflanzen sich nicht fort

Gedanke –
das Fassungsvermögen
eines Worts

Ein reines Gefühl
wäre schon
ein klarer Gedanke

Ein guter Gedanke
leuchtet auch
von der falschen Seite ein

Meinen – wörtlich;
denken – buchstäblich

Alles Verstehen
ist richtig verstanden,
alles Mißverstehen
richtig mißverstanden

Krisen entstehen,
sobald man merkt,
daß man dem eigenen Denken
auch verpflichtet ist

Leicht begeistert –
leicht bemeistert

Gedanken sind heilsam,
sofern sie verwunden

Friedliche Gedanken –
der Schlagkraft
entzogene

Das fruchtlose Zeitigen

Das Maßvolle
ist nicht maßgeblich

Maßlosigkeit ist immer
Kennzeichen
der Vereinsamung

Was man genau weiß,
erfährt man nicht

Spielregeln sind so eisern
wie golden

Was nicht bleibt,
nimmt seinen Lauf

Verzicht ist eine Gabe

Was Ritual war,
ist Schöngeist
geworden

Das Schlechte
kann sich bessern,
vorausgesetzt,
es war nicht gut gemeint

Die Vernunft
reicht nicht aus,
sie genügt aber

Das Tabu
schützt das Geheiligte
vor dem Heiligen

Das wörtlich
Genommene –
das tatsächlich
Gegebene

Fragment –
das vollendet Mögliche

Bruchstücke
sprechen nur
vom Ganzen

Das Gedicht –
die Einleitung
eines Ausklangs

Aphoristik –
Vordenklichkeit

Aphoristikers Glück:
das Wort
auf sein Satzmaß gebracht

Aphorismen –
Paradeparadoxa

Wenig sprechen,
das ist schon
viel gesagt

Aphoristik –
Ansatzkunst

Ein Aphoristiker sagt so viel,
wie sich denken läßt,
und nicht mehr,
als man sich
ausmalen kann

Bedeutung –
der übertragene Sinn

genau:
doppelpünktlich

unverbindlich –
fesselnd

Kritik darf alles sein,
nur kein Vorwurf

Kritik –
das einzig annehmbare Unrecht
im Namen der Gerechtigkeit

Voraussetzung jeder Kritik:
die Nachträglichkeit
allen Vorhabens

Augenblicklicht

Zitat –
die kleinste Ernte,
die größte Beute

Der Gedanke
trägt Licht in die Endlichkeit,
die Dichtung malt sie aus

Erfolg wird auch
dem Unrühmlichen zuteil

Erfolg muß für
das Unvollkommene
entschädigen,
das durch ihn
ans Licht gekommen ist

ALLESDAS

Auch das All ist nicht alles,
also lassen wir das.

Kosál Vanít an Lazarus Trost
Konstantinopel, 12. Dezember 1887

Ingrid Hoheisel gewidmet

Niemand tat mehr zur Verbreitung
meines Werkes als sie

Das sich Spiegelnde –
das scheinbar Verfügbare

Das selbstgesetzte Ziel
täuscht über das
festgesetzte Ende

Das Sein
ist in allen seinen Erscheinungen
ein unterbrochenes Werden

Das Unsagbare
ist der Eindruck

Das Unerreichbare
betrifft die Reichweite,
nicht die Ferne

Das Unmögliche
ist nicht das Undenkbare

Das Erstaunliche
ist nicht erheblich

Das Versprechen
schafft der Erfüllung Raum

Das Unsichtbarste –
die Offenbarung

Das Feuer ist nicht
das ganze Licht

Wozu taugt das Licht?
Bei Licht besehen,
zu nichts

Das Einleuchtende
ist ohne Glanz

Das Wirkliche –
das Möglichgewordene

Das Geglaubte –
das Nichtgemeinte

Sein Mögliches getan –
seine Fehler
gut untergebracht

Man könnte meinen,
würde man denken

Das Können
macht vieles möglich,
daher seine Hilflosigkeit

Das Unbegründete
muß auch für das Bodenlose
einstehen

Das Fehlende
hat im Fehlen
seinen Ursprung

Das Ganze
geht in seinen Teilen auf,
die Teile nicht
im Ganzen

Das Vollkommene
läßt sich vollkommen
nur anzeigen

Folgerichtigkeit
ist nicht zeitgemäß

Auch Tatsachen
bleiben nicht gern
bei den Fakten

Man kann schwer handeln,
wo Notwendigkeit
nicht zwingend ist

Das Warten
kann man aufgeben,
nicht unterbrechen

Das Gehenmüssen
ist nicht so demütigend
wie das Bleibenwollen

Das Leben
kann man sich nehmen,
den Tod nur wünschen

Das Leben
wird abgegolten oder gerächt;
erfüllt oder vollzogen

Das Leben –
ein Zerfallen in Erinnerungen,
die nicht einmal zu Papier
gebracht werden können

Das Erträgliche eines Lebens
ist in diesem selbst
nicht enthalten

LIEBE
GEHÖRT SICH NICHT

Liebe hat keine Gönner,
und auch die verbotene
nur Neider

Sahadutha

Was man in Liebe begreift,
kann man aus Liebe
nicht verstehen

Das Enträtseln der Liebe
ist auch nur eine
Liebeserklärung

Laß die Hoffnung fahren –
und reise mit

Unsere Verlorenheit
ist die Geburtsstunde
unserer Liebe

Über die Liebe
kann man sich nur in ihr
verständigen

Lieben,
die Welt einsegnen

Angefacht und angefochten

Zur Liebe
gehört alle Blöße,
die man sich nur
geben kann

Mit ihrer Begründung
wird Liebe bodenlos

Der eine
erweckt Liebe,
der andere nur
Sehnsucht nach ihr

Verliebtheit:
alles funkelt
und nichts leuchtet ein

Jede Liebe
ist Jugendliebe,
je älter man wird,
desto mehr

Lieber
in der Erwartung getäuscht,
als um die Hoffnung
betrogen

Enttäuschung:
das Erwachen der Wahrheit
in der Liebe

Mein Dasein –
deine Annahme

Der Liebe Lohn –
ihre Unverdientheit

In der Liebe
gibt es Mißverständnisse,
aber keine
Mißverstandenen

Verliebt – verstrickt;
verzaubert – eingefädelt

Kaum verliebt,
wähnt man sich
von allen gerufen,
in allem gemeint

Verlierst du nie dein Herz,
wie willst du dein Gesicht
wahren können

Man wartet nicht ewig umsonst

Ein Mensch,
der sich weder liebt
noch lieben läßt,
kann sich auch nicht begreifen

Mit dem Erwachen der Liebe verläßt man
den Kindergarten des Egoismus und kommt
in seine Schule und Hochschule; man hört auf,
gefällig zu sein, und wird endlich genießbar

Liebe –
das unbegreiflich
Faßbare

Haß vergrößert
den Wortschatz,
Liebe erweitert die Sprache

Liebe ist umfassend,
Verliebtheit umschlingend

Liebe entwaffnet nicht,
sie überwältigt nur

Es gibt Menschen,
die zu lieben, und andre,
die nur liebzuhaben sind

Seine Selbstlosigkeit
aussprechend,
kommt das Ich zur Geltung

Liebe –
der kürzeste Umweg
zum Nächsten

Ein schweres Herz
verliert sich um so leichter

Liebe verträgt alles
und verträgt sich mit allem,
außer mit dem eigenen Stolz

Stark – anziehend;
schwach – verlockend

Du hast für mich
nur eine Schwäche
und willst mir eine Stütze sein

Die sich anziehen,
begreifen sich auch

Man kann nicht oft,
nicht oft genug
genügen

Ein Wort,
ein Kuß,
eine Lippenstiftung

Taumeltau

Freude –
ekstatisches Bangen

Mit der Erfüllung
beginnt die Vergänglichkeit

Sinneswende

Entzündet,
aber nicht entflammt

Er sah sie nicht,
drum konnt' er sie
durchschauen

Phantasie –
die ausschweifende
Einbildungskraft

Fällst du mir um den Hals,
verliere ich dich aus den Augen

»Nimm dich in acht,
ich bin dabei,
mich in dich zu verlieben«

»Bleib nur dabei,
ich nehme mich schon
in acht«

Erliebnisse

Die Geliebte:
keine ist ihr ähnlich,
aber jede erinnert an sie

Unmißverständlich –
reizlos

Der Eindruck täuscht,
weil er nachwirkt

Gefühle wollen erfühlt,
nicht gezeigt werden

Sentimentalität:
das unberührte
Gerührtsein

Weil es die größere Hälfte
nicht geben kann,
muß es die bessere geben

Frauen sind zu mutig,
um heroisch zu denken

Nimmt man sich leicht,
wird man erträglich

Jeder glaubt,
die Liebe zu haben,
doch gibt es sie
nur geschenkt

Für den Liebenden
ist man nur noch wichtig,
nicht mehr interessant

Auch die glücklichste Liebe
kann sich nur überleben,
nicht überdauern

Seligkeit ist berückend,
nicht mehr beglückend

Seligkeit –
ein von Glück freier
Schwebezustand

Die Verzauberung der Liebe –
die Magie des
Scheidens

Paradiesisch –
sündenfällig

Jugend hat das Feuer,
Alter das Licht

Die Jugend hat ihre Abenteuer,
das Alter ist eins

Unsre Zeit
reicht für den Augenblick
genau aus

Entweder pünktlich
oder zur rechten Zeit;
entweder für sich und klug,
oder für andere und weise

Reife –
die eingesammelte
Einsamkeit

Leicht genommen,
schwer getragen

Sünde heißt die Lücke,
die Liebe hinterläßt

Seligkeit –
Innewonne

VERRAT IST NUR IM VERTRAUEN MÖGLICH

Du kannst,
wenn du angreifen willst,
nicht umfassend sein

Sahadutha

Die Sorge –
der weiteste Umkreis
eines Menschen

Sorgen überdauern
die Vorsorglichkeit

Auch unbekümmert leben wir in der Sorge
und müssen uns immer etwas vormachen.
Dem kommen wir nach

Seine Verluste buchen,
heißt Literatur machen

Schweigen
hat keinen Anspruch
auf Redlichkeit

Es ist leichter,
mit der Welt
im Dialog zu sein,
als mit seinem Leben zu zweit

Logisch gedacht,
das ist geradeaus,
aber nur halbwegs

Auch beim Wegsehen
gelangen wir zur Einsicht

Mit gutem Recht,
das ist mit schlechten
Gründen

Recht hat,
wer Recht findet

Die Richtung bestimmt
die Richtigkeit

Entweder gerecht
oder gerechtfertigt

Bleibt man im Recht,
verpaßt man den Zug

Gerechtigkeit entsteht
widerfahrend

Das Recht,
das man behält,
verjährt im Nu

Man kann
das Richtige tun
und doch falsch
gehandelt haben

Nur das Böse
verspricht Gutes

Was besser wird,
entfernt sich auch
vom Guten

Dringt das Gute
in das Böse ein,
werden beide besser

Aus der Reihe getanzt –
aus dem Rahmen gefallen

Der Haß hat nicht nur
seine eigenen lebendigen Quellen,
er hat auch seine Geschichte,
die sich durch keine andere
ersetzen läßt

Die Lehre vom Menschen
schließt den Nächsten
nicht ein

Das Naheliegende
wird am meisten
und am längsten
liegengelassen

Soviel man spricht,
sowenig will man hören

Urteilen –
urscheiden:
zwischen Licht
und Finsternis

Verallgemeinerungen rechtfertigen die Wahl;
so hat jeder seine Menschen: Die Ausnahmen,
die er geltend macht

Vertrauen
wie Verdacht schöpfen

Was an Lüge grenzt,
sieht nach Wahrheit aus

ungewiß
ist sicher

Nimm für bare Münze nichts,
was keine Münze ist

Fanaterra, Fanaterror
(Thesen aus dem Jahr 1819)

»Fanatismus wirkt von innen heraus
und verblendet selbst die Besten.«

»Jeder keimende Fanatismus erscheint in
lockerer Gestalt, ja häufig liebenswürdig.«

»Den Fanatismus in seinen Folgen zu bestreiten, ist unmöglich; einmal mächtig geworden, wird er zerstörend; bis er auf den Trümmern des Heiligsten sich selbst vernichtet. Man muß den Mut haben, dem keimenden Fanatismus in seiner scheinbar liebenswürdigen Gestalt zu begegnen und ihn im Prinzip zu vernichten.«

Henrik Steffens

»Diese drei Sätze unterschreibe ich mit voller Überzeugung.«

Johann Friedrich Herbart

Der andere geht
aus der Ähnlichkeit
hervor

Es ist leichter,
miteinander zu singen,
als füreinander zu beten

Das Weinen
geht der Träne voraus,
und kommt weder bei Adam
noch bei Kajin
oder bei Noah vor

Möglich,
daß der Mensch
kein Gehör dafür hatte.
Das erste Weinen in der Bibel
wurde von einem Engel
gehört und erwidert:
das Weinen Hagars in der Wüste
(Genesis 21,16)

Die Träne reiste lange
dem Weinen nach:
Jesja schätzte sie,
Jeremia kam ohne sie
nicht mehr aus.
Die Psalmen aber
kennen sie
auswendig
und fließend

Die Wahrheit wird geopfert,
die Lüge nicht

Was die Sprache verbietet,
verheißen die Worte.
Auf dem Weg der Verheißung
ist nichts garantiert,
nur in Aussicht gestellt

am anfang war sein wort,
am ende soll ich's halten

KRIEG – UNVERSIEGBARKEIT

Mit friedlichen Vorstellungen
läßt sich ein Krieg
nicht verhindern

Wir haben Gott im Herzen,
das ist viel Blut;
es ist der Allahgrößte

Synagogen brennen
von rechts nach links

Sahadutha

Wir haben gehört,
unsere Väter erzählten uns:
Gott hat gesprochen.
Was hat er gesagt?

Ich bin, der ich bin;
Du sollst, was du sollst

Ausleger bäumen sich auf
mit aufgepflanzten Gewehren

»Liebe deine Feinde«:
Das ist eine Regel
der Kriegskunst

Liebe und Krieg
werden erklärt,
der Haß bricht aus

Gottes Schrift ist schwer zu deuten,
seine Unterschrift um so leichter
zu fälschen

Kriege gibt es überall dort,
wo für den Frieden
gekämpft wird

Frieden gibt es nur dann,
wenn die Menschen
nicht bloß gegen den Krieg,
sondern auch
gegen das Siegen sind

Ließen sich Triumphe besiegen,
es gäbe keinen Krieg

Auch der Frieden
wird im Kampf erobert

Frieden ist die Idee des Krieges,
nicht die Sehnsucht des Kriegers

Alle Siege werden davongetragen

Aus heiterem Himmel gefallen
das neue Jerusalem,
zu Boden gedrückt

Die Verheißung
zerfließt in Milch und Blut

Das Land wird zur Tränke geführt

Ein Steinwurf weit
von Gott

Für die Liebe
ist das Kraut gewachsen,
gegen den Haß aber nicht

Frieden klingt
wie Landeslinderung,
wie Lindenland,
wie Nadelind –
herzstechend

Wäre das Land nicht heilig,
es gäbe uns nicht mehr

SCHICKSAL IST KUNSTWERK ODER VERHÄNGNIS

Die Wüste
ist die Sternstunde des Himmels

Ins Schwarze getroffen,
ins Blaue entrückt

Vierzig Jahre
durch die Wüste gewandert
und nichts auf Sand gebaut

Sahadutha

An Wunder glaubt,
wer auf sie wartet

Das Überzeugende
ist nur selten auch das
Gewinnende

Wir erkennen die Lüge
nur im wahren Sinn der
Worte

Sprachkritik
ist Witz

Zwischen Ding und Wort gefangen,
kann man sich nur herausreden

Philosophie
ist wortbrecherisch,
und erst das
macht sie begreiflich

Nichts ist wirklicher
als die Sprache,
die es spricht

Die Sprache kommt nie zu Wort
und findet an sich
keinen Ausdruck

Wir suchen
die Sprache
und verfangen uns
im Dickicht der Worte

Was ist die Welt
ohne Wald und Tier,
und was die Sprache
ohne uns

Vertrauten wir der Sprache nicht,
wie könnten wir
den eigenen Worten
Glauben schenken

Wir kennen Gottes Wort
nur in unserer Sprache,
darum kann er uns
beim Wort nehmen,
wir aber nicht ihn

Wahrgenommen:
überblickt –
und übersehen

Ohnmächtig geworden,
kommt man zu sich

Auf der falschen Seite
erkennt man die richtige

Redlichkeit –
das nicht Versäumte
des Schweigens

Das Verständnis ändert sich
von Mensch zu Mensch
und auch von Wort zu Wort

Mit der Fragwürdigkeit
beginnt die
Verantwortung

Reinheit läßt sich
nur in Reinheit denken

Größe geht
in ihren eigenen Schatten ein

Die Besonderheit eines Menschen
ist augenfällig,
seine Einzigkeit nicht

Wer verfehlt,
muß gezielt haben

Was das gute Gewissen betont,
überschreit das schlechte

Schuldgefühle –
das Unerträgliche
des Tragbaren

Was unterwegs sein soll,
hat nicht einzutreffen

Man hegt seine Hoffnungen,
hegt seine Zweifel,
und bleibt im Gehege gefangen

Solange keine Veränderungen
eintreten,
kann man sich
verändern

Der Kopflose
muß sich behaupten

Nach Lösungen sucht,
wer Bindungen braucht

Daß man immer
andre Sorgen hat,
ist die beste Zerstreuung

Wertfrei ist nicht einmal das Wertlose

Das Problem der Ethik:
sie läßt sich weder wert-
noch phrasenfrei begründen

Schaut man weg,
hat man nicht wenig gesehen

Schuld läßt sich verdrängen,
Sünde nicht

Mit der Sünde
kam die Nachdenklichkeit
in die Welt

Zur Offenheit
muß man sich
entschließen

Offen –
ohne Vor-
und Rücksicht

Versuche nicht,
die Sterne an deinem Himmel
zu ordnen

Bleibt dir auch keine Wahl,
kannst du immer noch
eine Auswahl treffen

ERINNERUNGEN SIND LEBENSMITTEL

Auch meine Erinnerungen
verlieren sich
in Erinnerungen.

Lazarus Trost an Kosál Vanít
Baden b. Wien, Ende Dezember 1887

Wieviel muß man
vergessen haben,
um sich erinnern zu wollen?

Sahadutha

Erinnerung,
die erblindende Sehnsucht

Das Heute ist die Erinnerung
von gestern und morgen

Erinnerungen sind über
den ganzen Körper verstreut
und auch in die Haut
eingerieben

In Erinnerung gerufen,
im Gedächtnis behalten

Gedächtnis –
der Erinnerung vorgeschobener
Riegel

Die Wirklichkeit
entspricht der Erinnerung
haargenau

Die Einsamkeit dehnt sich
über die Erinnerungen aus

Erinnerungen –
Selbstbelebungs-
versuche

Ich kann
keiner Minute nachgehen,
aber den Erinnerungen –
über Jahr und Tag

Auch der Erinnerung
bringt man
seine Opfer

Erinnerung entsteigt
dem Gedächtnis
und treibt in der Zukunft
ihre Blüten

Erinnerung –
der Abschiedskuß
vom Gedachten

DES GLAUBENS GRUND IST BODENLOSIGKEIT

Ich habe es schwer genug, zu glauben,
daß ich bin, erwarte von mir nicht,
daß ich dich davon überzeuge.

Kosál Vanít an Lazarus Trost
Konstantinopel, 24. 3. 1887

Ich spreche im Nebel,
nicht aus dem Schlaf.
Gott reißt mir den Tod
aus dem Leib.

Else Gottlieb
am 6. Juni 2001

Gesagt
ist mehr getan
als gedacht

Dem Verständnis
stehen alle Erklärungen
im Wege

Im Angesicht Gottes
ist Hinfälligkeit
der festeste
Standpunkt

Zweifel –
des Glaubens Bruchteile

Den Glauben hat man oder nicht,
den Zweifel muß man hegen

Der Zweifel sichert dem Glauben
seine Glaubhaftigkeit

Anzweifeln – angehen;
verzweifeln – vergehen

Der Glaube
hat immer seinen Zweifel,
nicht immer seinen Gott

Ein starker Glaube ist nötig,
um alle seine Zweifel
aufrechtzuerhalten

Unter der Sonne
ist auch ein Bruchteil
das Ganze

Man kann nur einmal
erkennen,
daß es Gott nicht gibt,
oftmals aber einsehen,
daß er das Leben lenkt

Wissen –
die Straffälligkeit
der Unschuld

Sich versündigen –
verschleiern

Kein Ketzer
wäre scharfsinnig genug,
glaubte er nicht,
daß Gott ihm zuhört

Gott erweist auch dem Ketzer
seine Gnade:
Er entzieht sich ihm

Die letzten Dinge
vertragen keine letzten Worte

Der Weg führt nicht zum Ziel,
er endet mit ihm

Der uns vorausgeht,
ist uns in nichts voraus

Du sollst dir aus Gott
nichts machen

Der Schöpfer
ist kein Glaubensartikel

Ein totes Leben
muß auch seinen toten Gott
haben

Nicht jeder Glaube
fällt mit Gott zusammen

Der Weggedachte
ist nicht mehr
der Undenkbare

Denken –
die Berge besteigen,
die der Glaube versetzte

*Das theologische Ergebnis
der Aufklärung:
Der einverstandene Gott*

Gottes Walten läßt sich
mit Recht rechtfertigen,
nicht mit Gott

Hier kann sich
nur ein Teil
der Gerechtigkeit zeigen,
weil sich hier auch nur
ein Teil des Lebens
abspielt

Erwartungen –
Geburtswehen
der Hoffnung

Hoffnung –
der Trugschluß
aller Erwartungen

Aus dem Zusammenhang
ergibt sich
das Verhängnis

Erbärmlich,
klein in seiner Trauer

Der Mensch:
das immer Höhere
auf ewig halbem Weg

Angst –
das Bedenklichwerden
des Undenkbaren

Die Welt kann ohne uns
bestehen bleiben,
nicht aber bestehen

Die Heilung beginnt
mit der Krankheitsgeschichte,
der Tod mit dem Krankheitsbild

Ewigkeit kommt
zu jedem Zeitpunkt vor

Erwachen,
nicht Wirklichkeit,
steht gegen Traum

Geht man seinem Traum nach,
muß man nicht erwachen

Wirklich ist,
was sich träumen läßt

Unerreichbar,
das ist nicht fern

Das Gute geht
aus seiner Wirkung hervor

Alles sucht
nach seinem Gleichgewicht –
in dir

Alles hat seine Zeit,
nur wir haben unsre Jahre

Es ist nie früh genug,
um nicht schon spät zu sein

Wir nehmen nicht Abschied
von unserm Leben,
mit ihm
verscheiden wir

Wir haben die Frist
und unsere
Erscheinungszeit

Nur der Augenblick
sieht die Stunde
kommen;
nur dem Weitblick
offenbart sich
der kürzeste Weg

Solange man hofft,
glaubt man zu leben,
und so lange
hofft man

Sein Leben hinnehmen,
ist schon überleben

»Aus meiner Sprache / erfahre ich mehr / als durch sie«

Zu Elazar Benyoëtz' Aphorismen

Es gibt keinen zeitgenössischen Autor, der so kurz ist und so viel in so wenig gibt wie Elazar Benyoëtz. »Was ich täte, wenn ich etwas zu sagen hätte? Nicht viel sagen.« Dieses Wort des Sprachkritikers Fritz Mauthner setzt er als Motto über sein erstes deutschsprachiges Buch aus dem Jahr 1969. Seither hat er in über dreißig Büchern, von dem, was man üblicherweise einen ›stattlichen Band‹ nennt, bis zum schmalen Privatdruck, immer »nicht viel gesagt« und dabei über die Jahre sehr viel zu sagen gehabt.

Keine noch so kurze Vita verzichtet auf die Eckdaten seines Weges in die deutsche Literatur. Er ist 1937 in Wiener Neustadt geboren; die Eltern emigrieren 1939 nach Israel. Als seine Muttersprache bezeichnet er das Hebräische. (Nur des Vaters wegen, der 1943 stirbt, sprechen die Eltern im Hause Deutsch.) Nachdem er sich als Jugendlicher mit Hilfe billigst zu erwerbender deutscher Literaturgeschichten schon intensiv in die deutsche Sprache und Literatur eingelesen hat, vervollkommnet er diese Fähigkeiten nach 1964 in Berlin, wo er von 1964 bis 1968 als Stipendiat lebt. Während noch seine nach eigener Einschätzung besten hebräischen Lyrikbände erscheinen, beginnt er auf deutsch zu schreiben und zu publizieren. Als Ergebnis konstatiert er auf der einen Seite den Verlust seines in Israel erworbenen Namens: »Am Anfang befehdet, am Ende vergessen.« Auf der anderen Seite begründet er mit »Einsprüche« (1973) und »Einsätze« (1975) seinen Ruf als deutscher Aphoristiker. Er spürt, daß in ihm etwas vorgefallen ist. Eben noch konnte er von sich schreiben: »Wenn ich in meinem Leben je etwas groß liebte, so war es die ganze hebräische Sprache, vom ersten Buchstaben an«, und nun heißt es, mit den Worten des biblischen Jakob schließend: »Sie wollte mir Gutes, die deutsche Sprache, als sie mir – nach einer kurzen Begegnung auf deutschem Boden – sagte: Ich lasse dich nicht, du segnest mich denn.« 1981 formuliert er als Fazit seiner Doppelsprachigkeit, und mehr: der deutsch-jüdischen Zerrissenheit, vorsichtiger: »Die mich heimsuchende deutsche Sprache bescherte mir Augenblicke eines hohen dichterischen Glücks. Mein ganzes Bewußtsein ist gegen mich, und mit diesem gegen mich gerichteten Bewußtsein wehre ich mich dagegen, ein deutscher Dichter zu sein.«

Wie steht es nun um die Gattung, mit der Benyoëtz so kurz wie möglich sein will und dabei so viel in so wenig gibt? Seit den Zeiten des Impressionismus und verstärkt im letzten Viertel des vergangenen Jahrhunderts kann man zur Gattungsbegründung des Aphorismus immer wieder lesen, keine andere Literatur eigne sich besser für eine schnellebige Zeit, die auf kurze Reize reagiert, eine Zeit, die keine Zeit hat. Das Gegenteil ist richtig. Die Angst vor langen Texten scheint sich zu verbreiten, aber es ist falsch zu glauben, da sei der Aphorismus das richtige Mittel, das Kurzphasige, Schnelle begünstige ihn. Er ist kein Literatur-Clip. Er ist ein Meister der Verstellung und erscheint nur klein; klein, das meint hier: kurz. Es gibt aber *kleine* lange Texte, es gibt *große* kurze Texte (und nebenbei: auch kleine kurze). Da sind wir schon bei der Bestimmung oder Umschreibung der Gattung und bewegen uns dem Gegenstand gemäß auch schon in Paradoxen oder paradoxienahen Differenzierungen. Aber jetzt nicht noch einmal die homöopathische Dosis, nicht noch einmal der Splitter und auf keinen Fall noch einmal der kritische Denkanstoß, vielleicht aber »das Faß im Tropfen« (18): Die Gattung ist das, was der Autor daraus macht. Wenn er denn nicht nur wiederholt und sich an ihr und auf sie stützt, sondern – wie Benyoëtz – im Wortsinne einer ist.

Einer der bedeutendsten Theoretiker der Gattung hat als ihr grundlegendes Merkmal »den zweiten Blick auf die Sprache« (Joseph Peter Stern) herausgestellt, und für kaum einen Aphoristiker trifft das mehr zu als für Benyoëtz. Der Praktiker antwortet dem Theoretiker: »Aus meiner Sprache / erfahre ich mehr / als durch sie«. Es wird zum stillen Programm seiner Arbeit: »Ein Wort / gibt das andere: das ist die große Gabe« (21). Den Unterschied zwischen einem guten und einem schlechten Aphorismus weiß er in erschöpfender Kürze auszudrücken. Dabei öffnet er den Spalt zwischen scheinbaren Synonyma zu einer Denkwelt, die noch die Antithese einschließt: »Ein guter Aphorismus ist von erschöpfender, ein schlechter von ermüdender Kürze«. Er dehnt Grenzen. »Im Aphorismus gewinnt das Unhaltbare sein Gleichgewicht.« Unhaltbares (in mindestens doppelter Wortbedeutung) im Gleichgewicht: Da fragt man sich doch: Wie soll das vor sich gehen? Aber mit der gewohnten Logik kann man nur auf Logisches kommen; das ist nicht viel und auch nicht weit genug. Das Paradoxon setzt sie außer Kraft, und es leuchtet ein, noch durch die scheinbar ›zwingende‹ A-Logik hindurch: »Die Regel ist logisch / die Ausnahme zwingend« (66). Er erfindet Denkbilder: »Der Tod treibt durch uns seine Blüten«. Das reicht bis zur Neuschöpfung dort, wo ihm die Grenzen der Sprache im »Sinnsang« (35) enger scheinen als die Grenzen seines Denkens.

Bei all dem rede ich immer auch schon von uns, den Lesern, denn was vermögen die »Glaubwürde« und die »Innewonne« (124), wenn wir sie nicht für uns lebendig machen? Wehleidig dürfen wir nicht sein; harte Paradoxa schmerzen das Denken. Und *uns* fragt der Autor ja unerbittlich nach der Differenz: »Die Vernunft / reicht nicht aus, / sie genügt aber« (79). Unsere sprachliche Mitarbeit, unser Empfindungs- und Assoziationsvermögen, vielleicht auch unser Mit-Spiel sind gefragt, gewiß unser Klangsinn: »Nicht nur das Wort, auch der Sinn hat einen Klang«. Auch da ist es eindeutig am besten, ihn zu zitieren, denn wie sollte man seine Präzision übertreffen: »Das Mehrdeutige enthält den Sinn, das Eindeutige ergibt nur einen«. Andererseits: »Das Einleuchtende/ist ohne Glanz« (92). Auch wir erfahren ›aus seiner Sprache mehr als durch sie‹. Sie ist zu ihrem und unserem Glück nicht beschränkt auf das, was allerorts Kommunikation heißt, auch wenn sie im Gewand der klassischen Maxime daherkommt: »Verscherze dir nicht/die Gunst deiner/Schwächen« (59). Um so mehr braucht sie einen erprobend-bedenkenden, auch gutwillig-widerständigen Partner. Der Leser, der sich auf die Texte einläßt, wird Hellhörigkeit und Sehfähigkeit entwickeln und lernen, das allzu geläufige ›Einlassen‹ abzuhören, abzutasten, zu überspielen und umzuformen. Dann wird er zum Beispiel die »Gesichtspunkte« (69) mit neuen Augen sehen. Nichts wäre deshalb falscher, als ihm nachwortgemäß beim Verstehen der neuen Texte zu ›helfen‹. Ich rede statt dessen von dem Leser, den ich kenne, von mir.

Es stimmt, daß ich von ihm besser lesen gelernt habe. Oder trifft es zu? Nein, es trifft nicht zu, es stimmt. Und daß ich zwischen dem »Stimmen« mit seinem Hof an Assoziationen, dem Klang, dem Ein- und Zweiklang, der Stimme und dem Orchester, und dem »Zutreffen« mit seinem Bildbereich aus der Schützen- oder Jägersprache hier hart unterscheide, das ist *seine* Schule. Nichts da von atemlos schnellem Aufnehmen. Nicht ausgeschlossen, daß der Autor den Leser, der sich seine Zeit nimmt, auch zu Gegen-Fragen führt, die beide – Autor wie Leser – gegen die Zeit *stellen* (und damit *gegen die Zeit* stellen). Und nichts besser, als wenn der Leser versuchsweise einmal Glauben *hegte* gegen den Autor: »Den Glauben hat man oder nicht, / den Zweifel muß man hegen« (176).

Wo ist Benyoëtz einzuordnen? Die Frage des ordnungsbewußten Literaturwissenschaftlers ist innerhalb einer Gattung, die so weitgehend gegen die Ordnung gerichtet ist, nicht ohne besonderen gegenläufigen Reiz, aber sie ist deshalb hier nicht illegitim. Die Lexikon-Trias Lichtenberg, Nietzsche und Kraus, die unbezweifelbar und noch vor dem zweiten Blick herbeigerufen wird, hilft eher wenig weiter. Da sind Verbindungslinien zu Kafkas Aphoristik mit ihrer autonomen Bildlichkeit und ihrem existentiellen Paradoxon, einer ausweglosen Rückführung in sich selbst, viel wichtiger. Dazu sind Autoren zu zitieren, die als Aphoristiker noch wenig erforscht sind. Das aphoristische Werk des Religionsphilosophen Ferdinand Ebner (1886–1931) wäre zu nennen. Es ist spezifisch un-geistreich und in frommer Erwägung von der Ich-Du-Beziehung geprägt und hat unter anderem Martin Buber beeinflußt. Von Kafka her sind Franz Baermann Steiner (1909–1952) in seiner Nähe zur Lyrik und in seiner über die Moralistik hinausgeführten Bildlichkeit zu nennen, mehr noch Ludwig Strauß (1892–1952), der die Gattung bis zum reinen Bild-Aphorismus führt. Beide haben den Nationalsozialismus nur im Exil überleben können. Mit Benyoëtz schreibt kein deutscher Jude mehr wie von Kraus bis noch zu Werner Kraft; ein Israeli wendet sich an deutsche Leser. Aber die verlorengegangene deutsch-jüdische Symbiose zieht sich durch sein Werk (und durch seinen kritisch-publizistischen Widerhall).

Zu den »Wohnworten«, die ihm zufolge jeder Dichter hat, gehört »Erinnerung«: »Erinnerungen sind Lebensmittel« (167). Es erinnert sich der Angehörige eines Volkes, das einem Genozid unterlag, es erinnert sich ein Dichter, dessen

Mittel allein die Sprache mit »der ihr innewohnenden Erinnerung« ist. Als Mystiker steht Benyoëtz wohl in einer starken Linie der Gattung, für die nur die Namen Christian Morgenstern und Franz Werfel stehen mögen. Die Zusammenhänge von Mystik, Sprachleere, Schweigen reflektiert er in vergleichbarer Weise. Andererseits ist die Glaubensthematik bei ihm schon allein dadurch relativ einzigartig, daß er dezidiert aus dem jüdischen Glauben heraus schreibt. Und ein Liebes*aphoristiker* (es gibt nicht nur Liebeslyriker) ist er außerdem; in diesem Band wird es besonders deutlich.

Zahlreicher und deutlicher als solche noch zu prüfenden Einflüsse, Über- und Aufnahmen sind freilich die Abgrenzungen. Nicht verwunderlich, daß kein Weg von der existentialistisch-religiösen Aphoristik der fünfziger und sechziger Jahre zu ihm führt. Weder mit der linken Gesinnungsaphoristik hat er etwas zu tun, wie sie nach '68 zu beobachten ist, noch gehört er zu denen, die sich auf der Wortspielwiese tummeln. Er, der einerseits ausdrücklich »nicht Aphorismen« schreiben will, ist andererseits gleichwohl derjenige Aphoristiker, der die Gattung unter diesem Begriff immer wieder reflektiert, und das nicht metaphorisch umspielend wie gewöhnlich, sondern innovativ und gehaltvoll. Den »EinSatz« hat er für sich dagegengestellt und damit auch begrifflich ein Gegenkonzept betont gegen die gängige kritisch-wortspielerische Variante, bei der – wie er es formuliert – »sich der Gedanke an seiner Pointe erhängt«: die »verlecte« Gattung, wie er in Anspielung an Stanisław Jerzy Lec und seine deutschen Nachahmer mit ihrer »blendwerklichen« Arbeit sagt. In einer Zeit, die von Agnostizismus und Sozialkritik bestimmt ist, kann seine hochintellektuelle Religiosität hinreichend anstößig wirken. Sie ist denkbar weit von jeder (christlichen) Erbauungsaphoristik entfernt; ihre unaufschließbaren Paradoxien erinnern an Pascal: »Das Wissen von Gott ist grenzenlos beschränkt«. Die aphoristische Skepsis ist dabei niemals kategorisch ausgeschlossen: »Man glaubt / im Zweifelsfall« (11).

Kraft gewinnt der Aphorismus als Gattung im Schnittpunkt von Denken und Dichten, die den Anspruch nicht aufgegeben hat, eine eigene Art von Erkenntnis zu vermitteln, am Ende des Jahrhunderts von den Gattungsrändern her: in der Aufzeichnung Elias Canettis, im Journal Peter Handkes, im postmodernen Fragmentarismus von Botho Strauß. Dazu tritt die Erneuerung, wie sie Benyoëtz leistet. Sie zielt auf eine noch einmal ›dichtere‹ Konzentration und eine Lyrisierung zugleich (»Poesinn«). Zuwege gebracht oder zumindest begünstigt wird sie durch zwei Besonderheiten. Das Deutsche ermöglicht ihm als seine Zweitsprache ein ständiges Hin- und Herfokussieren, ein Wechseln zwischen fremdem und vertrautem Blick auf das Wort. Auf diese Weise sucht er »Wahrheit – Worttrefflichkeit«, bis er die aphoristische Essenz einem einzigen Wort anvertraut: »Erfüllt – erschöpft«; »Ziel – Eingegebenheit« (51). Sprache und Sprachreflexion werden zu einem so markanten Thema seiner Aphoristik, daß die Rezensenten geradezu von Sprachbesessenheit sprechen. »Halt ich das Wort, trägt es die Sprache«, so nennt er es, gewohnt mehrdeutig und mit berechtigtem Selbstbewußtsein. Das zweite aber ist nichts anderes als die Bibel. Der Blick auf die deutschsprachigen Vorläufer hat den wesentlichen Kontext bisher ausgespart, auf dem er auch selbst besteht: Das Buch Kohelet, der Prediger Salomo, ist ihm Vorbild, wohl das einzige, das er so unumschränkt gelten ließe. An diese hebräische Spruchdichtung sucht er mit seinen »Sprüchen« und ihrer Autorität, ihrem »Machtanspruch«, anzuschließen.

Benyoëtz hat sich im Laufe der Jahre von der klassischen Aphorismensammlung immer weiter wegentwickelt. Seine

EinSätze bilden mit dem (in der Erinnerung gründenden) Zitat, mit Briefauszügen und tagebuchähnlichen Kurzberichten, Lektürekommentaren und literarhistorischen Exkursen eine Einheit. Der Begriff der Collage ist versuchsweise darauf angewendet worden. Vielleicht könnte man besser das ›Buch‹ als poetologischen Begriff nutzbar machen; der Autor gebraucht den Begriff selbst gelegentlich in diesem Sinne. Man lese »nur« die Seite »Runenur« (12) zur Anschauung: Jede Seite ist ebenso wie das ganze Buch ›komponiert‹; diese Komposition führt über den isolierten Aphorismus hinaus.

Die Neuerung, die am meisten ins Auge fällt, ist die Mittelachse. Dem Literarhistoriker ist sie nicht ganz unbekannt; sie verschiebt die Aphoristik an die Grenze zur Lyrik. Zusammen mit der strengen Komposition führt das zu einer produktiven Uneindeutigkeit, die dem Leser zwischen lyrischer ›Strophe‹ und aphoristischer Eigenständigkeit auf einer neuen Ebene je eigene Bezüge eröffnet. Auch in der Bildlichkeit zielt der Autor entschieden auf die aphoristisch-lyrische Gattungsgrenze: »Eine Trauerkerze / weihte mich in die Sonne ein«. Die aphoristische Pointierung wird in diesem Grenzbereich auch in ganz neuer Weise lesbar: durch den Zeilenbruch. Das Erlebnisdenken, eine Integration, die die Gattung seit je bezeichnet und auszeichnet, gewinnt in diesen Kompositionen an der Grenze zur Lyrik neue Form: »Ein reines Gefühl / wäre schon / ein klarer Gedanke« (73).

Der Leser bleibt nicht gleichgültig; er wird zum Mit-Autor und erfährt zuletzt auch aus seiner eigenen Sprache mehr als durch sie.

Friedemann Spicker